Pour mon Ami Julien,
Amitiés!!
Guerrero
2019

TRISTAN ROULOT
MATEO GUERRERO

RHUM HÉRITAGE
1690-1699

1. EAU DE VIE, EAU DE MORT

Scénario : TRISTAN ROULOT
Dessin : MATEO GUERRERO
Couleur : AMPARO CRESPO CARDENETE

Robinson

Merci à Céleste Surugue pour avoir initié ce beau projet, à Dominique Burdot pour avoir trouvé la perle rare, et à Mateo pour avoir mis tout son talent dans ce livre jusqu'à la dernière page. Ça en valait la peine, camarade ! Merci à Dominique Thierry de la distillerie Bielle à Marie-Galante et à Yves Assier de Pompignan de la distillerie A1710 en Martinique, pour avoir partagé leur passion et leur science du rhum, ainsi qu'à Gabrielle Chomereau-Lamotte pour m'avoir donné l'accès aux trésors dont recèlent les fonds documentaires de la fondation Clément.
à Hélène, Gaspard et Achille, que jamais ne s'efface le souvenir de cette île merveilleuse.

Tristan Roulot

À Dominique, pour m'avoir invité à travailler sur cette série.
À Céleste, pour son souci du détail et pour m'avoir fait partager sa passion pour les Antilles.
À Amparo, pour avoir donné vie à mes dessins.
À Tristan, pour avoir imaginé cette histoire qui m'a accompagné tout au long de ces derniers mois.

Mateo Guerrero

Dépôt légal : mai 2019
Achevé d'imprimer en mai 2019
imprimé par Pollina, en France - 89278
7532889/1 - ISBN 978-2-01704-447-5
Loi n° 49956 du 16 juillet 1949 sur les publications destinées à la jeunesse.

MARTINIQUE, MARS 1690...

MAÎTRE ! VITE, C'EST URGENT !
LES ESCLAVES INDIENS ONT DISPARU, MAÎTRE ! RÉVEILLEZ-VOUS !
COMMENT ÇA, DISPARUS
OÙ SONT-ILS PASSÉS ?!
ON NE SAIT, PAS, MAÎTRE...
ET EUX ?! POURQUOI N'ONT-ILS PAS DONNÉ L'ALARME !?
LES CHIENS SONT PRÊTS, MONSIEUR D'AUDOUIN !
PARFAIT ! ILS VONT VOIR COMMENT JE TRAITE LES ESCLAVES QUI FONT MARRON !

ILS SE SONT JETÉS... BANDE D'IMBÉCILES ! LÂCHES ! INUTILES !
QUI VA COUPER MES CANNES MAINTENANT ? COMMENT LA COMPAGNIE DE GUINÉE VEUT QUE JE FASSE AVEC UNE MAIN-D'ŒUVRE PAREILLE !?
JE PEUX VOUS DIRE QU'ILS VONT M'ENTENDRE À VERSAILLES ! S'ILS VEULENT QU'ON CONTINUE À APPROVISIONNER PARIS EN SUCRE, ILS ONT INTÉRÊT À SE REMUER !
VERSAILLES, PLUSIEURS MOIS PLUS TARD...
"... SANS MAIN-DŒUVRE SUPPLÉMENTAIRE, IL ME SERA DONC IMPOSSIBLE DE FOURNIR LES QUANTITÉS DE SUCRE, COMME IL FUT CONVENU PAR LETTRE COMMERCIALE EN DATE DU 13 OCTOBRE 1685."
"VEUILLEZ AGRÉER, ETC.", ET C'EST SIGNÉ D'UN CERTAIN MONSIEUR PHILIPPE D'AUDOUIN DE FOUCAULT DE LA ROCHEFLEURIE.
ÇA VOUS DIT QUELQUE CHOSE, MESSIEURS ?

* FAUX-SAUNIER : CONTREBANDIER DE SEL.

DÉCLARATIO
DV ROY
La Compagnie de Guinée fait aver
les François qui voudront all
demeurer dans toutes les Indes, qu'
leur sera donné appointements e
alaires raisonnables. Et qu il y en
qui veuillent y demeure ans,
leur sera accordé des en
rès pour leur demeure re
perpétuité et à leurs
nts-cause. Ceux qui sero
e résolution, se présenter
son de la Compagnie…
PORT DE LA ROCHELLE, 28 NOVEMBRE 1693.
T'ES ARRIVÉ, MON GARS !
MERCI POUR TOUT, L'AMI ! C'EST MA DERNIÈRE PIÈCE, QU'ELLE TE PORTE CHANCE !
QU'EST-CE QUI TE REND SI GÉNÉREUX ?
JE PARS FAIRE FORTUNE AUX ÎLES. DANS TROIS ANS, J'EN AURAI DES MILLIERS COMME CELLE-LÀ !
HA ! HA ! ALORS C'EST PLUTÔT À MOI DE TE SOUHAITER BONNE CHANCE.
YAHAA !

À BIENTÔT, MON PÈRE. NOUS REJOIGNONS "LA TRANQUILLE".
J'EMBARQUE SUR "LA LOIRE". QUE LE VOYAGE VOUS SOIT BON. NOUS NOUS RETROUVERONS EN MARTINIQUE SI DIEU LE VEUT.
HÉ, ATTENTION À MES...
OUF, ILS SONT INTACTS !
CE SONT DE BEAUX ALAMBICS. VOUS ÊTES CHIMISTE ?
BOTANISTE SURTOUT. JE COMPTE PROFITER DE MON VOYAGE POUR ÉTUDIER LES PROPRIÉTÉS DE TOUTES CES PLANTES QUI POUSSENT AUX INDES...
... ET, POURQUOI PAS, TROUVER UN REMÈDE À CETTE FIÈVRE JAUNE QUI RAVAGE NOS COLONIES.
UN GRAND MERCI, JEUNE HOMME, J'AURAIS ÉTÉ BIEN EN PEINE D'EN TROUVER DE SEMBLABLES SUR PLACE. JE SUIS LE PÈRE LABAT. ET VOUS ? CE N'EST PAS TOUT LE MONDE QUI CONNAÎT CE GENRE D'INSTRUMENT ?
MON NOM EST JEAN ROUEN, JE SUIS FILS DE VERRIER. J'AI TRAVAILLÉ SOUS LE PATRONAGE DE MON PÈRE, QUAND IL FOURNISSAIT L'UNIVERSITÉ.
JE VOIS QUE VOUS EN PARLEZ AU PASSÉ...

QUAND CES SAVANTS MESSIEURS NE PAIENT PLUS, IL N'Y PAS GRAND-CHOSE QU'ON PUISSE Y FAIRE. MA FAMILLE A TOUT PERDU, LA VERRERIE A FERMÉ, ET MON PÈRE A ÉTÉ EMBASTILLÉ POUR NON-PAIEMENT DE CRÉANCES. ALORS ME VOILÀ, ENGAGÉ POUR LA MARTINIQUE !
ALORS VOUS ÊTES UN DE CES TRENTE-SIX MOIS ? AUTANT DIRE UN ESCLAVE. JE PENSAIS QUE PLUS PERSONNE NE S'ENGAGEAIT... CE N'EST PAS UNE VIE FACILE QUE VOUS VOUS PROMETTEZ, VOUS LE SAVEZ ?
OUI, MAIS EN ÉCHANGE, LE PLANTEUR D'AUDOUIN A PAYÉ MON VOYAGE. ET PUIS ÇA NE DURERA QUE TROIS ANS. APRÈS, J'AURAI UNE TERRE À MOI ET JE POURRAI REMBOURSER LES DETTES DE MON PÈRE POUR LE SORTIR DE PRISON.
ALORS QUE DIEU VOUS ENTENDE. QUANT À MOI, J'Y VAIS POUR SUPERVISER LES MISSIONS LOCALES.
LA MALADIE DE SIAM NOUS A PRIVÉS DE NOS MEILLEURS ÉLÉMENTS. ELLES SONT À DEUX DOIGTS DE TOMBER EN FAILLITE.
NOUS ALLONS EMBARQUER !!!
BONNE CHANCE, JEUNE HOMME, JE PRIERAI POUR VOUS.

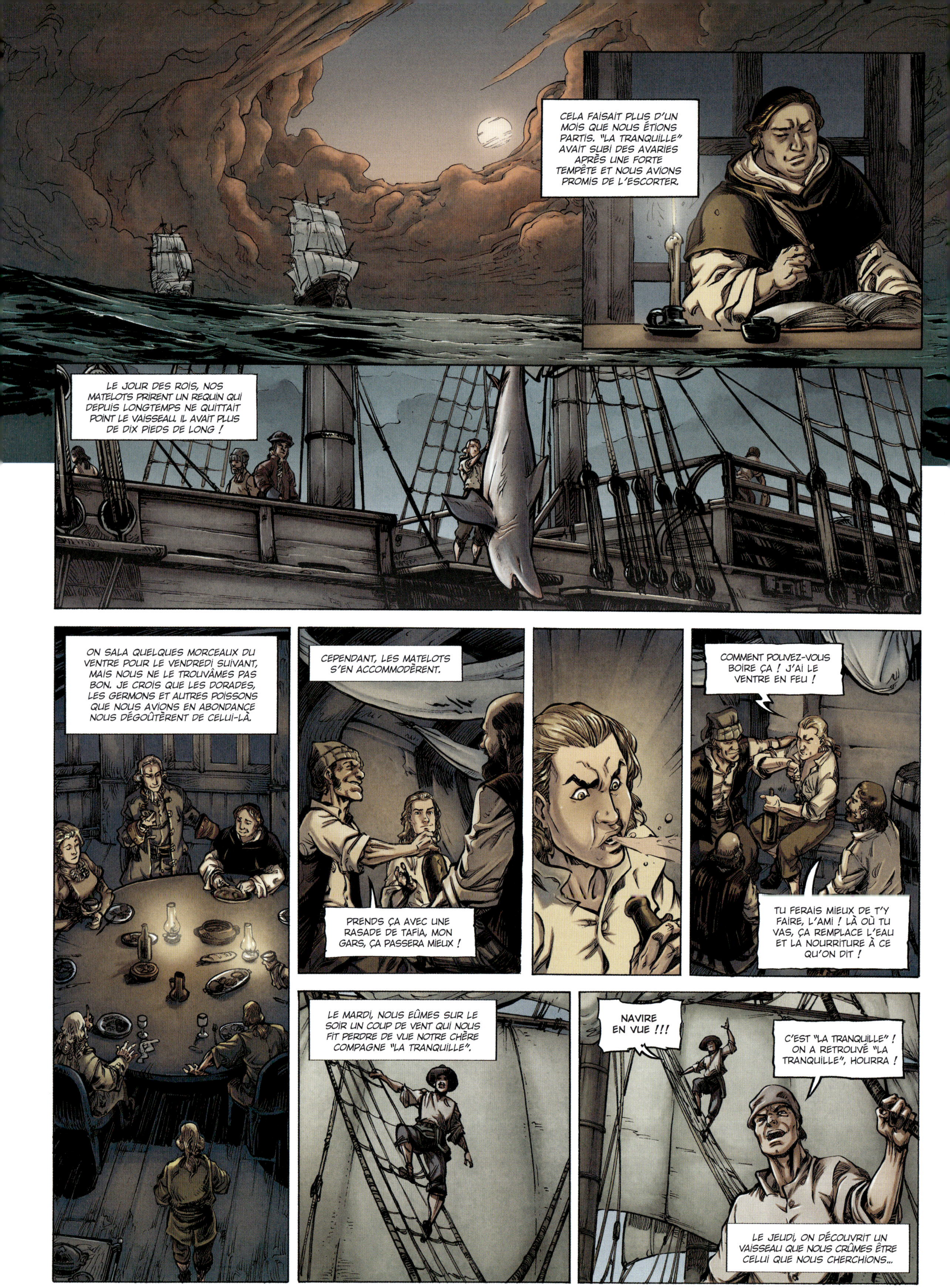
CELA FAISAIT PLUS D'UN MOIS QUE NOUS ÉTIONS PARTIS. "LA TRANQUILLE" AVAIT SUBI DES AVARIES APRÈS UNE FORTE TEMPÊTE ET NOUS AVIONS PROMIS DE L'ESCORTER.
LE JOUR DES ROIS, NOS MATELOTS PRIRENT UN REQUIN QUI DEPUIS LONGTEMPS NE QUITTAIT POINT LE VAISSEAU. IL AVAIT PLUS DE DIX PIEDS DE LONG !
ON SALA QUELQUES MORCEAUX DU VENTRE POUR LE VENDREDI SUIVANT, MAIS NOUS NE LE TROUVÂMES PAS BON. JE CROIS QUE LES DORADES, LES GERMONS ET AUTRES POISSONS QUE NOUS AVIONS EN ABONDANCE NOUS DÉGOÛTÈRENT DE CELUI-LÀ.
CEPENDANT, LES MATELOTS S'EN ACCOMMODÈRENT.
PRENDS ÇA AVEC UNE RASADE DE TAFIA, MON GARS, ÇA PASSERA MIEUX !
COMMENT POUVEZ-VOUS BOIRE ÇA ! J'AI LE VENTRE EN FEU !
TU FERAIS MIEUX DE T'Y FAIRE, L'AMI ! LÀ OÙ TU VAS, ÇA REMPLACE L'EAU ET LA NOURRITURE À CE QU'ON DIT !
LE MARDI, NOUS EÛMES SUR LE SOIR UN COUP DE VENT QUI NOUS FIT PERDRE DE VUE NOTRE CHÈRE COMPAGNE "LA TRANQUILLE".
NAVIRE EN VUE !!!
C'EST "LA TRANQUILLE" ! ON A RETROUVÉ "LA TRANQUILLE", HOURRA !
LE JEUDI, ON DÉCOUVRIT UN VAISSEAU QUE NOUS CRÛMES ÊTRE CELUI QUE NOUS CHERCHIONS...

GRANDE JOIE ! NOUS PORTONS SUR LUI À TOUTES VOILES, ET NOUS DÉCOUVRONS EN MÊME TEMPS LA MARTINIQUE.
DONNEZ-MOI LA LUNETTE...
CE VAISSEAU, COMME NOUS LE SÛMES DEPUIS, ÉTAIT ANGLAIS ET S'APPELAIT LE "CHESTER".
IL AVAIT 54 CANONS ET 250 HOMMES D'ÉQUIPAGE. NOTRE PETITE FLÛTE N'AVAIT PAS UNE CHANCE.
CE SONT LES ANGLAIS, IMBÉCILE ! ILS VONT NOUS ÉTRILLER ! QUE CHACUN PRENNE SON POSTE ! LES PASSAGERS, AUX ABRIS !
... À L'AIDE... AIDEZ-M...
IL Y A UN SURVIVANT !
JEAN ! COUCHE-TOI, NOM DE DIEU, TU VEUX Y RESTER ?
LAISSE-LE...
... DE TOUTE FAÇON, À LA PROCHAINE BORDÉE, ON EST FOUTUS !

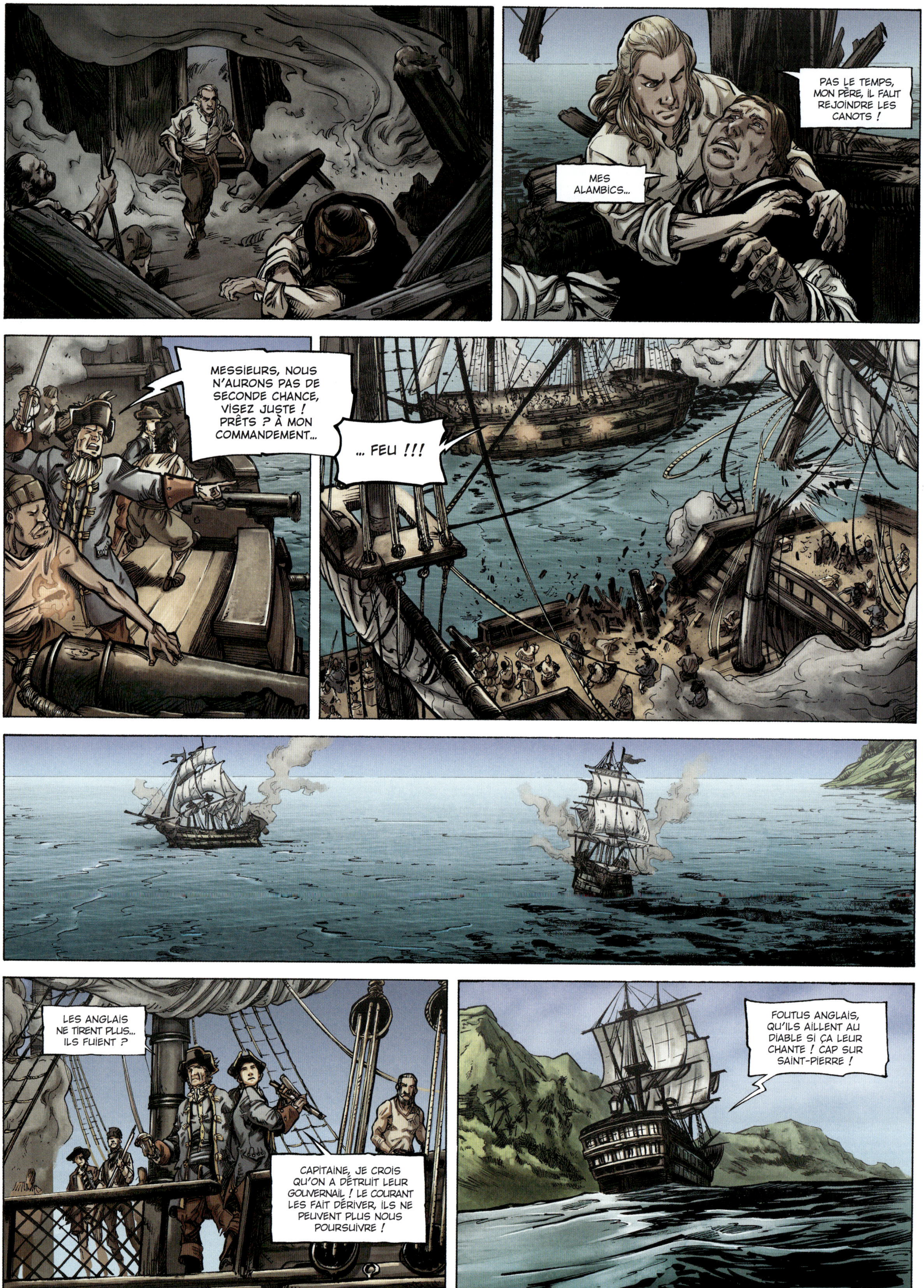
PAS LE TEMPS, MON PÈRE, IL FAUT REJOINDRE LES CANOTS !
MES ALAMBICS...
MESSIEURS, NOUS N'AURONS PAS DE SECONDE CHANCE, VISEZ JUSTE ! PRÊTS ? À MON COMMANDEMENT...
... FEU !!!
LES ANGLAIS NE TIRENT PLUS... ILS FUIENT ?
CAPITAINE, JE CROIS QU'ON A DÉTRUIT LEUR GOUVERNAIL ! LE COURANT LES FAIT DÉRIVER, ILS NE PEUVENT PLUS NOUS POURSUIVRE !
FOUTUS ANGLAIS, QU'ILS AILLENT AU DIABLE SI ÇA LEUR CHANTE ! CAP SUR SAINT-PIERRE !

NOUS DÉBARQUÂMES LE 26 JANVIER 1694 À SAINT-PIERRE EN MARTINIQUE, TRÈS EXACTEMENT SOIXANTE-TROIS JOURS APRÈS NOTRE DÉPART DE LA ROCHELLE.
IL VINT BEAUCOUP DE NÈGRES À BORD. BEAUCOUP PORTAIENT DES MARQUES DE COUPS DE FOUET QU'ILS AVAIENT REÇUS SUR LEURS DOS. CELA EXCITA LA COMPASSION DE CEUX QUI N'Y ÉTAIENT PAS ACCOUTUMÉS, MAIS ON S'Y FIT BIENTÔT.
PUIS JE REMERCIAI LE CAPITAINE DE LA HÉRONNIÈRE DES BONTÉS QU'IL AVAIT EUES POUR NOUS DURANT LE VOYAGE.
PAN!
PAN!
IL MARCHE PAS, CUI-LÀ !
ET QU'EST-CE QUE TU VEUX QUE J'Y FASSE, LE MILICIEN ? JE LES TRANSPORTE, JE NE LES FABRIQUE PAS.
C'EST DANS LE CONTRAT, UN NAVIRE QUI ARRIVE AUX ÎLES DOIT APPORTER UNE CAISSE DE FUSILS QUI FONCTIONNENT ! TU ME LE REMBOURSES !
TU N'AURAS PAS UN SOU !
MESSIEURS, MESSIEURS ! DU CALME. TENEZ, JE VOUS LE RACHÈTE AU TIERS DU PRIX. CELA RÈGLE-T-IL LE PROBLÈME ?

C'ÉTAIT TRÈS NOBLE DE VOTRE PART D'AVOIR MIS FIN À CETTE DISPUTE.
J'AI QUELQUES CONNAISSANCES EN TECHNIQUE, IL SUFFIRA SANS DOUTE D'AJUSTER LE SILEX. LE CAPITAINE EST CONTENT, LE MILICIEN AUSSI, ET MOI J'AI UN BON FUSIL AU TIERS DU PRIX.
LA VRAIE BONTÉ NE S'OPÈRE JAMAIS AU DÉTRIMENT DE SON INTÉRÊT PERSONNEL. CELA ÉTANT DIT... SI TU AVAIS APPLIQUÉ CE PRÉCEPTE, JE NE SERAIS PLUS LÀ POUR TE L'ENSEIGNER.
C'EST TOI, JEAN ROUEN ?
VOUS ÊTES LE PLANTEUR PHILIPPE D'AUDOUIN ?
D'AUDOUIN DE FOUCAULT DE LA ROCHEFLEURIE, MAIS, PENDANT TROIS ANS, TU M'APPELLERAS MAÎTRE. FAIS VOIR TES DENTS !
PFF ! C'EST ÇA QU'ILS NOUS ENVOIENT DEPUIS LA MÉTROPOLE ? QU'EST-CE QUE VOUS VOULEZ FAIRE AVEC DES BRAS PAREILS ?
ALLEZ, MONTE À L'ARRIÈRE. JE T'ATTENDAIS PLUS TÔT, TU AS DÉJÀ DEUX SEMAINES À COMPENSER.
UN HOMME CHARMANT, N'EST-CE PAS ? IL S'AVÈRE DE PLUS ÊTRE DE NOS VOISINS.
VENEZ, JE VAIS VOUS CONDUIRE À LA MISSION.
PAUVRE GARÇON. QUE DIEU L'AIT EN SA BONNE GARDE.

VOICI VOTRE CHAMBRE. VOUS DEVEZ ÊTRE BIEN FATIGUÉ. J'AI ENTENDU DIRE QUE LES ANGLAIS VOUS ONT PRIS EN CHASSE ?
OUI, UN MIRACLE QU'UNE PETITE FLÛTE COMME "LA LOIRE" AIT SURVÉCU À L'ATT... AHHH !
UNE ARAIGNÉE-SCORPION, L'ÎLE EN EST PLEINE. TERRIFIANTE MAIS TOUT À FAIT INOFFENSIVE. VOUS VOUS Y FEREZ VITE, MON PÈRE.

J'AI PASSÉ MA SEMAINE À ÉTUDIER LES LIVRES DE COMPTES DE LA MISSION. NOUS SOMMES EN DÉFICIT DE PLUS DE 700 000 LIVRES DE SUCRE !
J'AVOUE NE RIEN Y COMPRENDRE... NOUS PRODUISONS À FONDS SAINT-JACQUES PLUS DE 130 000 LIVRES DE SUCRE,. POURTANT, IL N'Y AURAIT AUCUNE RENTRÉE D'ARGENT POUR NOTRE MISSION ?
LA PESTE SOIT DE CES MOUSTIQUES !
EH BIEN... LES DENRÉES DE FRANCE VALENT CHER. NOUS VENDONS NOTRE SUCRE PAR AVANCE AUX MARCHANDS DE BIENS.
UNE FOIS NOTRE PRODUCTION FAITE, ILS VIENNENT PRÉSENTER LEUR BILLET DE SUCRE, ET NOUS LEUR REMETTONS LEUR DÛ EN NATURE.
PAF !
ENCORE UN ! COMMENT POUVEZ-VOUS SURVIVRE À DE TELLES ENGEANCES ?
SOIT ! JE VOUS ENTENDS BIEN, MAIS, CES BILLETS DE SUCRE, VOUS LES OFFREZ POUR MOITIÉ DE LA VALEUR, POURQUOI ?

IL NE S'AGIT QUE DE SUCRE BRUT, PÈRE LABAT, LE CENT NE VAUT PAS SOIXANTE SOUS. LES MARCHANDS NOUS FONT CRÉDIT EN QUELQUE SORTE, CE QUE L'ONT DOIT AUSSI RÉMUNÉRER.
C'EST UNE ÉCONOMIE PROFITABLE POUR TOUT LE MONDE, VOUS COMPRENEZ ?
RAAAH... ET PUIS MES JAMBES QUI ME DÉMANGENT !!!
CE SONT DES TIQUES. N'Y TOUCHEZ PAS, LE FRÈRE BENOÎT VOUS LES RETIRERA CE SOIR.
SOIT ! BIEN ! IL NOUS FAUT D'AUTRES SOURCES DE PROFIT. CES LITRES DE TAFIA... RRREUH ! TEUH ! TEUH ! VOUS NE LES VENDEZ PAS NON PLUS ?
C'EST IMBUVABLE. NOUS LE LAISSONS AUX ESCLAVES, ÇA LEUR DONNE PLUS DE CŒUR À L'OUVRAGE.
...REUUH ! TEUH !!
JE NE ME SENS... PAS BIEN, J'AI CHAUD... VOUS ALLEZ DEVOIR... M'EXCUSER...
BOM!
QUE... QU'EST-CE... QUI M'ARRIVE ?...
C'EST LA MALADIE ! VITE ! IL FAUT VOUS ALITER !

ALLEZ, À LA BOUFFETANCE, TOUT LE MONDE ! VOUS AVEZ QUINZE MINUTES !
QU'EST-CE QU'ON MANGE ? HÉ ! OÙ EST-CE QUE VOUS ALLEZ ?
C'EST QUOI ?
ERK ! DES VERS ? JE MANGE PAS ÇA !
MON NOM EST SILAS. VIENS !

OUI ! J'EN SENS UN !
SILAS ! MON DOIGT !!!
TU VAS APPRENDRE.
FIN DE LA PAUSE ! RETOUR AUX CHAMPS !
ATTENDEZ, JE N'AI PAS EU LE TEMPS !
T'AS QUINZE MINUTES DE REPOS, PAS PLUS, C'EST LA RÈGLE ! CROIS PAS QUE T'AS UN TRAITEMENT DE FAVEUR, POUR MOI T'ES AUSSI NOIR QUE LES AUTRES, COMPRIS ?
JE VEUX PARLER À MONSIEUR D'AUDOUIN ! C'EST À LUI DE NOUS NOURRIR !
MANGE DÉJÀ ÇA ! ET RETOURNE AU BOULOT !
PARLE PAS AVEC LUI, ATTRAPE VITE LES CRABES, C'EST TOUT !

SILAS ! AIDE-MOI !
GUILDIVE, MON AMI ! MÉDECINE DU DIABLE POUR FAIRE TENIR TON CORPS DEBOUT JUSQU'À LA NUIT !
IL A PERDU DES LITRES D'EAU...
C'EST LA MALADIE DE SIAM, ÇA NE PARDONNE PAS...
NONNN... QU'EST-CE QUE C'EST ?
BUVEZ, MON PÈRE. C'EST LE GROS SIROP DONT NOUS PARLIONS TANTÔT. IL A BIEN DES NOMS, TAFIA... RHUM... KILL-DEVIL, OU GUILDIVE EN BON FRANÇOIS...
... ET SI ÇA NE VOUS GUÉRIT PAS, RIEN NE LE FERA.

J'AI UNE FAIM DE LOUP !
C'EST UN MIRACLE ! VOUS ÊTES VIVANT !
DU CALME, MES FRÈRES, DU CALME. VENEZ AVEC MOI, PÈRE LABAT.
CE N'EST HÉLAS PAS LA PREMIÈRE FOIS QUE JE VOIS UNE GUÉRISON MIRACULEUSE DE LA FIÈVRE JAUNE, AVANT UNE RECHUTE DEUX JOURS PLUS TARD. DÉFINITIVE, CETTE FOIS.
REPOSEZ-VOUS, ET CONTINUEZ À BOIRE DU GROS SIROP POUR REPRENDRE DES FORCES...
IL Y A QUELQUE CHOSE DANS CETTE GUILDIVE... DES FORCES AGISSANTES SUR NOTRE CORPS, J'EN SUIS CERTAIN. MONTREZ-MOI COMMENT VOUS LA PRÉPAREZ !

VOICI LA VINAIGRERIE. C'EST LÀ QUE L'ON FAIT L'EAU-DE-VIE AVEC LES ÉCUMES ET LES SIROPS DE SUCRE : NOTRE GUILDIVE !
MALGRÉ NOS EFFORTS, ELLE EST TRÈS FORTE, A UNE ODEUR DÉSAGRÉABLE, ET DE L'ÂCRETÉ À PEU PRÈS COMME DE L'EAU-DE-VIE DE GRAIN.
JE LE SAIS POUR L'AVOIR ASSEZ GOÛTÉE. ELLE MORD LE VENTRE COMME UNE VIPÈRE. C'EST DANS CET ALAMBIC QUE VOUS LA DISTILLEZ?
OUI, C'EST UN VIEIL ALAMBIC À REPASSE. ON OBTIENT UNE LIQUEUR LÉGÈRE APRÈS LA PREMIÈRE CHAUFFE DU MOÛT DE CANNE FERMENTÉ. UNE SECONDE CHAUFFE EST NÉCESSAIRE POUR ÉLEVER LA PORTION D'ALCOOL.
ÇA NE LA REND PAS MEILLEURE, MAIS, POUR LES NÈGRES, LES HABITANTS ET LES MARINS, IL LEUR SUFFIT QUE CETTE LIQUEUR SOIT BON MARCHÉ ET ASSEZ ENIVRANTE POUR FAIRE PASSER LA DOULEUR DE L'EXISTENCE.
C'EST MAUVAIS... À VOMIR ! POURTANT, GRÂCE À ELLE, J'AI SURVÉCU... IL DOIT Y AVOIR QUELQUE CHOSE...
DES PROPRIÉTÉS DE CETTE EAU-DE-VIE QUE MON MATÉRIEL DE CHIMISTE ME PERMETTRAIT PEUT-ÊTRE D'ISOLER ?
DÉTRUIT LORS DE L'ATTAQUE... À MOINS QUE...

TOUT LE MONDE DEBOUT ! CINQ HEURES ! C'EST LE TEMPS D'ALLER AUX CHAMPS !
DÉJÀ ? MAIS COMMENT ILS VEULENT QU'ON TIENNENT ?!
IYA ! ON VEUT DU RHUM ICI !
ENCORE ! LE SOLEIL EST TROP DUR !
IYA... ELLE EST JOLIE, PAS VRAI ?
TRÈS.
ALORS ARRÊTE DE LA REGARDER COMME ÇA. C'EST MA SŒUR !
MIDI ! ALLEZ VOUS REMPLIR LA PANSE, BANDE DE FOUS-RIEN !

OÙ VA-T-ELLE ?
IYA, C'EST UNE VRAIE BOUGRESSE POUR ATTRAPER LES SERPENTS. FAIS COMME ELLE, TU MEURS. MANGE LES VERS DE PALMIERS OU LES CRABES, TOI.
TU VOIS, PRENDS-LES DERRIÈRE LES PINCES... COMME ÇA !
PAS DE NOTRE MONDE, CEUX-LÀ ! ATTRAPE DES CRABES, ET REMPLIS TON VENTRE, VITE !
QU'EST-CE QUI VOUS AMÈNE, MON PÈRE ?
ON ME FAIT BEAUCOUP D'ÉLOGES DE VOTRE PLANTATION. LA NÔTRE, EH BIEN, ELLE NE FONCTIONNE PAS SI BIEN. EN BON VOISIN, J'AIMERAIS M'INSPIRER DE VOS MÉTHODES... SI VOUS N'Y VOYEZ PAS D'INCONVÉNIENT !
PAS DU TOUT, MON PÈRE. MAIS, VOUS VERREZ, IL N'Y A RIEN DE SORCIER.

J'AI ARRÊTÉ LE CACAO ET LE ROUCOU IL Y A DIX ANS. PAS ASSEZ RENTABLE. IL N'Y A PLUS QUE LA CANNE À SUCRE QUI PAIE MAINTENANT.
ET CE BAC DERRIÈRE NOUS ?
C'EST CE QUI RESTE DE L'INDIGOTERIE. LA FEUILLE D'INDIGOTIER NE SUPPORTE RIEN. TROP DE PLUIE, ELLE MEURT. TROP DE SOLEIL, ELLE MEURT. TROP DE PARASITES, ELLE MEURT. LA CANNE, VOILÀ UNE PLANTE QUI NE DEMANDE RIEN.
NOUS Y VOILÀ, LE CŒUR DE MA PLANTATION : LA MEULE, OÙ JE BROIE LES CANNES ENTRE LES ROULEAUX POUR EN EXTRAIRE LE JUS. QUI L'ACTIONNE CHEZ VOUS ?
NOS NÈGRES.
LAISSEZ-LES COUPER LA CANNE, PERSONNE NE PEUT LE FAIRE À LEUR PLACE. PRENEZ UN BŒUF. PLUS CHER, MAIS PLUS RENTABLE SUR LA DURÉE. VOUS NE PRODUISEZ QUE DU SUCRE BRUT À FONDS SAINT-JACQUES, NON ? ALORS SUIVEZ-MOI !
VOILÀ MA SUCRERIE ! C'EST LÀ QUE MES CINQ CHAUDIÈRES REÇOIVENT LE JUS DES CANNES, LE PURIFIENT ET LE RÉDUISENT EN SUCRE. JE LES FAIS CHAUFFER TOUTE LA JOURNÉE EN BRÛLANT LES TIGES BROYÉES, LA BAGASSE.
CHACUNE A SON NOM ET SA FONCTION. IL Y A LA GRANDE, LA PROPRE, LA LESSIVE, LE FLAMBEAU, LE SIROP ET LA BATTERIE. LE SUC S'ÉPAISSIT ET BLANCHIT EN PASSANT DE L'UNE À L'AUTRE, GRÂCE À LA CHAUX, LA LESSIVE ET LA CENDRE QU'ON Y MET.
LORSQUE LE SIROP EST ASSEZ ÉPURÉ, ON LE LAISSE DURCIR DANS DES MOULES QU'ON CASSE AU BOUT DE DEUX SEMAINES. ON FAIT SÉCHER LE CONTENU SUR CES DRAPS QUE VOUS VOYEZ LÀ-BAS, ET ÇA VAUT UNE PETITE FORTUNE À PARIS !
ET LE RHUM ? LE TAFIA ? COMMENT LE FAITES-VOUS ICI ?

OUI, JE TIRE AUSSI DE L'EAU-DE-VIE À PARTIR DE LA MÉLASSE, C'EST-À-DIRE L'ÉCUME SALE DES CHAUDIÈRES MÊLÉE AU SIROP QUI N'A PAS CRISTALLISÉ. L'ODEUR EST CELLE DU PURIN. ÇA VA POUR LES ESCLAVES, MAIS VOUS NE M'EN FEREZ PAS BOIRE !
J'ESPÉRAIS QUE, LÀ AUSSI, VOUS AYEZ MIS AU POINT QUELQUES TECHNIQUES...
INUTILE. JE N'AI QU'UN SEUL SECRET À VOUS TRANSMETTRE...
... NE LAISSEZ PAS VOS ESCLAVES PRENDRE LE POUVOIR. NE SOYEZ PAS TENDRE. PLUS ILS TRAVAILLENT, PLUS VOUS ÊTES RICHE !
JEAN ? JEAN ROUEN ?
PÈRE LABAT...
MON PAUVRE AMI ! MON PAUVRE AMI...
SAVEZ-VOUS QUE CE JEUNE HOMME A TRAVERSÉ LE FEU POUR MOI ! IL M'A SAUVÉ LA VIE !
S'IL ÉTAIT AUSSI COURAGEUX AUX CHAMPS, IL FERAIT UN BIEN MEILLEUR ENGAGÉ. IL M'EN FAUDRAIT TROIS COMME LUI POUR FAIRE UN BON NÈGRE.
MESSIRE D'AUDOUIN, J'AURAIS UNE REQUÊTE. QUE DIRIEZ-VOUS DE LAISSER JEAN VENIR TRAVAILLER À LA MISSION, DISONS UNE FOIS PAR SEMAINE, LE MERCREDI ?

MMMH, C'EST LE TEMPS DES RÉCOLTES ET JE MANQUE DÉJÀ DE MONDE...
ALLONS, VOUS FERIEZ UN BON GESTE POUR L'ÉGLISE, ET JE VOUS PAIERAI.
MAIS ?!...
... C'EST PAS VRAI QU'IL RECOMMENCE !
TOI, TU VAS VOIR ! C'EST INTERDIT ! INTERDIT !
CES SAUVAGES CROIENT QUE L'ESPRIT EST LIBRE QUAND LE CORPS EST MORT. ET QU'ILS REVIENDRONT AU VILLAGE DE LEURS ANCÊTRES APRÈS LEUR MORT.
ILS PASSENT LEUR TEMPS À VOULOIR SE SUICIDER.
COMME SI LES SERPENTS ET LES FIÈVRES NE NOUS EN EMPORTAIENT PAS ASSEZ.
BON, C'EST ENTENDU POUR ROUEN. COMBIEN VOUS M'EN DONNEZ ?
LE TIERS DU PRIX. COMME VOUS DISIEZ, IL EN FAUDRAIT TROIS COMME LUI POUR FAIRE UN BON NÈGRE.

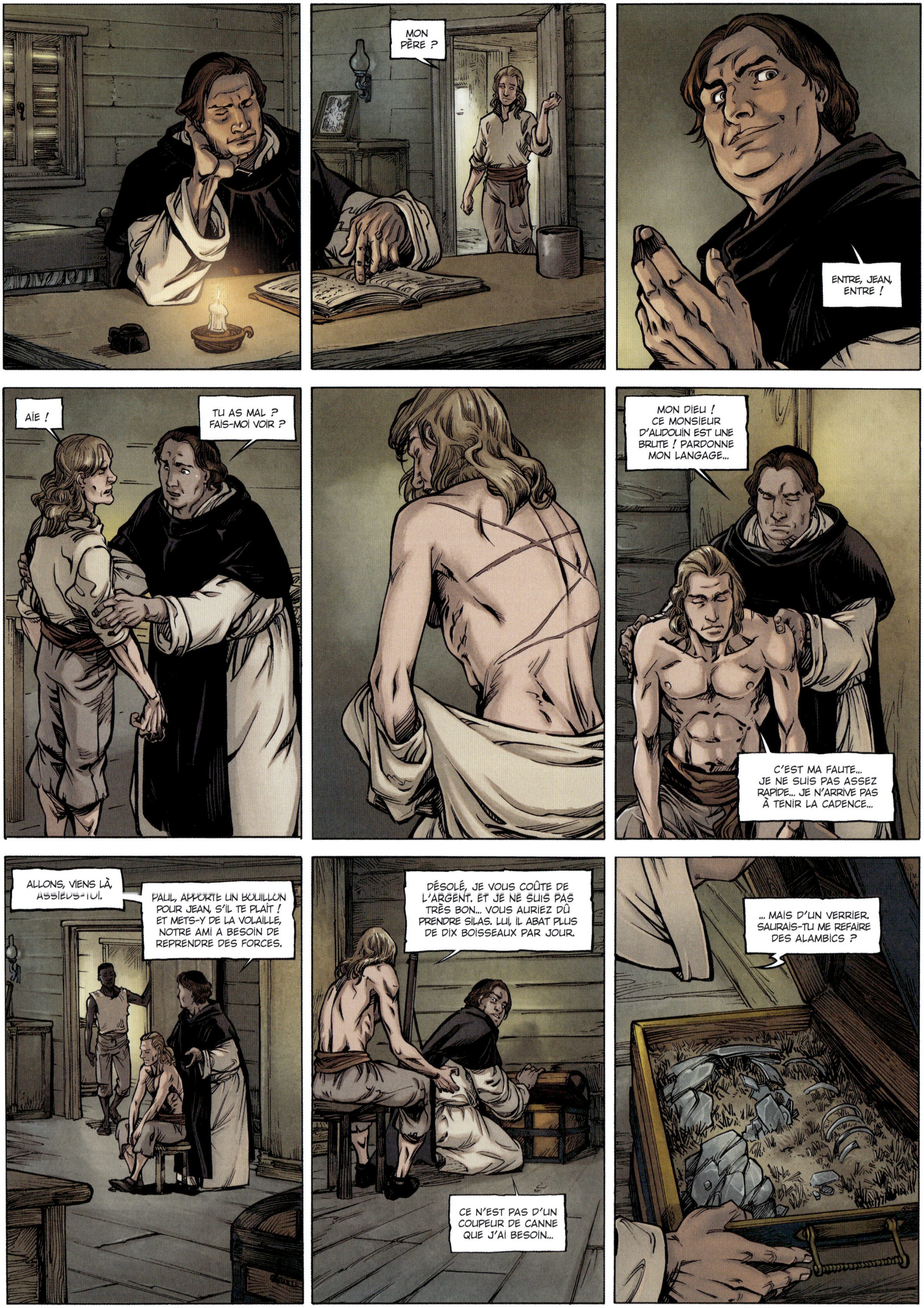
MON PÈRE ?
ENTRE, JEAN, ENTRE !
AÏE !
TU AS MAL ? FAIS-MOI VOIR ?
MON DIEU ! CE MONSIEUR D'AUDOUIN EST UNE BRUTE ! PARDONNE MON LANGAGE...
C'EST MA FAUTE... JE NE SUIS PAS ASSEZ RAPIDE... JE N'ARRIVE PAS À TENIR LA CADENCE...
ALLONS, VIENS LÀ, ASSIEDS-TOI.
PAUL, APPORTE UN BOUILLON POUR JEAN, S'IL TE PLAÎT ! ET METS-Y DE LA VOLAILLE, NOTRE AMI A BESOIN DE REPRENDRE DES FORCES.
DÉSOLÉ, JE VOUS COÛTE DE L'ARGENT. ET JE NE SUIS PAS TRÈS BON... VOUS AURIEZ DÛ PRENDRE SILAS. LUI, IL ABAT PLUS DE DIX BOISSEAUX PAR JOUR.
CE N'EST PAS D'UN COUPEUR DE CANNE QUE J'AI BESOIN...
... MAIS D'UN VERRIER. SAURAIS-TU ME REFAIRE DES ALAMBICS ?

IL FAUDRAIT REFONDRE LE VERRE, MAIS JE N'AI RIEN POUR LE SOUFFLER... J'AURAIS BESOIN D'UNE CANNE...
UNE CANNE ?
PARDON, C'EST COMME ÇA QU'ON APPELLE LE TUBE EN MÉTAL... POUR SOUFFLER, VOUS VOYEZ ?
LE CANON DE CE FUSIL, ÇA T'IRAIT ? MÊME AVEC MES RÉPARATIONS, IL TIRE UNE FOIS SUR DEUX ET J'AI RATÉ PLUS DE PROIES QUE JE N'EN AI EU DANS MON ASSIETTE. PRENDS-LE.
OUI, ÇA DEVRAIT ALLER.
LE BOUILLON POUR MONSIEUR...
LAISSE ÇA POUR LE MOMENT. ET RÉGALE-TOI. TU PEUX PASSER LA JOURNÉE ICI. JE DÉMONTERAI LE FUSIL ET ON VERRA ÇA LA SEMAINE PROCHAINE.
LE PETIT SALAUD ! LE PETIT SALIGAUD !!!
LÂCHE-LE ! ÉCARTE-TOI, J'AI DIT !!!

VOUS CROYEZ QUE LE PETIT VA RETROUVER SES ANCÊTRES ?
VOUS CROYEZ VRAIMENT QU'IL OSERA SE PRÉSENTER DEVANT EUX SANS SA TÊTE ?
MOI JE DIS QU'IL NE TROUVERA MÊME JAMAIS LE CHEMIN, ET SERA PERDU POUR L'ÉTERNITÉ !
VOILÀ CE QUI ATTEND LE PROCHAIN QUE JE VOIS BOUFFER DE LA TERRE, COMPRIS ?
ET QUICONQUE TOUCHE À LA TÊTE DU PETIT SERA PENDU !!
C'EST PAS BIEN... C'EST PAS BIEN DE FAIRE ÇA. C'EST VRAIMENT PAS BIEN.
CET HOMME EST FOU.
LE SPECTACLE EST FINI ! TOUS AU CARBET, DEMAIN SERA UNE GROSSE JOURNÉE !
IL FINIRA PAR AVOIR NOTRE PEAU, JE TE LE DIS, JEAN. TROIS ANS QUE MA VIE EST ICI, JE SUIS UN VIEUX MAINTENANT, LA MORT A PRIS LES AUTRES.
TU N'ES PAS FORT COMME MOI. TON VISAGE SERA BIENTÔT SOUS LA TERRE, JE LE VOIS.

NON... JE TIENDRAI, SILAS... IL LE FAUT... POUR MON PÈRE !
JE SAIS CE QUE MES YEUX VOIENT. TES PLAIES NE GUÉRISSENT PLUS, OU MAL... TU DOIS T'ENFUIR TANT QUE TU AS TES JAMBES ENCORE DEBOUT.
ET TOI, TU L'AS DÉJÀ FAIT, SILAS ? T'ENFUIR, JE VEUX DIRE...
DÉJÀ ESSAYÉ, OUI, UNE FOIS. PERDU DANS L'ÎLE, IL Y A UN VILLAGE CACHÉ, ON DIT. DES KARIBS ET DES MARRONS, TOUS ESCLAVES QUI ONT FUI LES MAUVAIS MAÎTRES.
MAIS PAS ASSEZ RAPIDE. ILS M'ONT ATTRAPÉ, ET FAIT ÇA. LA PROCHAINE FOIS, COUPE-COUPE LA JAMBE, TU SAIS.
SILENCE, LÀ-BAS !
JE TIENDRAI ! FAIS-MOI CONFIANCE !
JE TIENDRAI...

SAIS-TU QUE CE SONT LES ARABES QUI ONT INVENTÉ LE PREMIER ALAMBIC ?
ILS S'EN SERVAIENT POUR DISTILLER LES SELS DE PLOMB AVEC LESQUELS ILS S'ENDUISAIENT LES PAUPIÈRES : LE KHÔL. AL KHÔL. CHEZ NOUS, ÇA A DONNÉ ALCOOL.
VOIS-TU, LA DISTILLATION CONSISTE À SÉPARER L'ESPRIT GAZEUX DEPUIS LE CORPS AQUEUX QUI L'ABRITE. EN CHAUFFANT NOTRE MOÛT DE CANNE, LA VAPEUR L'EMPORTE VERS LE HAUT DE L'ALAMBIC, CAR LA CHALEUR MONTE ET LE FROID DESCEND...
LA VAPEUR REFROIDIT AU CONTACT DU VERRE. ALORS SE FORMENT CES GOUTTELETTES QUE TU VOIS. DE L'ALCOOL PRESQUE PUR ! ELLES REDESCENDENT ALORS EN SUIVANT LE CHEMIN QU'ON A PRÉPARÉ POUR ELLES GRÂCE À TON MERVEILLEUX ALAMBIC...
... JUSQU'À CE QU'ELLES SE RÉUNISSENT À NOUVEAU, EN UN LIQUIDE CONCENTRÉ DANS SES PRINCIPES ACTIFS !

GOÛTE-MOI CETTE LIQUEUR !
VOUS SAVEZ, JE N'AIME PAS TROP ÇA...
OUI, MAIS CELLE-LÀ EST SPÉCIALE ! SANS TOUS LES DÉCHETS QUE LES PLANTEURS LAISSENT DANS LE SIROP ET QUI LUI DONNENT CE GOÛT DE CHAROGNE.
C'EST FORT...
C'EST TRÈS FORT. ON AVOISINE LES 70 % D'ALCOOL...
MAIS, PASSÉ LA BRÛLURE, IL Y A UN GOÛT... DE VANILLE... ET D'AGRUME. TU LE SENS ? ÇA RAPPELLE L'ARMAGNAC... AYGARDENT ! L'EAU ARDENTE, QUI BRÛLE ET QUI GUÉRIT !
ON A RÉUSSI, JEAN ! CE RHUM EST UNE VÉRITABLE EAU-DE-VIE ! LES GENS VONT SE L'ARRACHER ! PARTICULIÈREMENT CES MAUDITS ANGLAIS CHEZ QUI PAS UN PIED DE VIGNE NE POUSSE !

ET LE SEIGNEUR DIT À ÉZÉCHIEL : J'IRAI VOUS PRENDRE DANS TOUTES LES NATIONS ; JE VOUS RASSEMBLERAI DE TOUS LES PAYS. JE VERSERAI SUR VOUS UNE EAU PURE, ET VOUS SEREZ PURIFIÉS. DE TOUTES VOS SOUILLURES, DE TOUTES VOS IDOLES, JE VOUS PURIFIERAI.
JE VOUS DONNERAI UN CŒUR NOUVEAU, JE METTRAI EN VOUS UN ESPRIT NOUVEAU. J'ENLÈVERAI VOTRE CŒUR DE PIERRE, ET JE VOUS DONNERAI UN CŒUR DE CHAIR.
JE METTRAI EN VOUS MON ESPRIT : ALORS VOUS SUIVREZ MES LOIS, VOUS OBSERVEREZ MES COMMANDEMENTS ET VOUS Y SEREZ FIDÈLES. VOUS SEREZ MON PEUPLE ET, MOI, JE SERAI VOTRE DIEU.
ET, MAINTENANT, PRIONS !
QUOI ? QU'EST-CE QUI SE PASSE ? QU'EST-CE QUE J'AI DIT ?
LE SINGE, MON PÈRE !
AH! AH! AH AH! AH!
REVIENS LÀ, SACRIPANT !!!

IYA ! UN JOUR, J'AURAI MA TERRE ET JE T'ÉPOUSERAI !
BÊTISES ! DES COLLIERS QUE TU VEUX, PAS DES COUPS !
QU'EST-CE QU'ELLES DISAIENT ?
ELLE PENSENT QU'UN AMANT VAUT MIEUX QU'UN MARI. UN MARI TE BAT QUAND IL A BU. UN AMANT T'OFFRE DES CADEAUX.
JE NE TE BATTRAI JAMAIS !
JE LE SAIS, TOI TU ES GENTIL. ET TU ES JOLI.
MAIS SEUL LE MAÎTRE DÉCIDE. ET, LE MAÎTRE, CE N'EST PAS TOI.
DIS-MOI ! DIS-MOI CE QUI T'A MORDU !
DÉSOLÉ, MONSIEUR. J'AI PAS VU DANS L'HERBE... UN PEU ROUGE.
UN CORAIL SANS DOUTE...
AS-TU MAL ?
OUI, TRÈS... MAIS ÇA VA ALLER, DODO EST UN NÈGRE SOLIDE...

OUI, DODO, TRÈS SOLIDE.
IL VA S'EN SORTIR ?
IL EST DÉJÀ MORT.
C'EST PAS VRAI !
PAUVRE DODO...
PAUVRE DE MOI, SURTOUT ! IL ABATTAIT QUINZE BOISSEAUX PAR JOUR, LUI ! C'EST PAS TOI QUI VAS PRENDRE SA PLACE !
JE PROGRESSE, MONSIEUR, JE DEVIENS PLUS FORT... J'Y ARRIVERAI, JE VOUS LE PROMETS !
BON... POURQUOI TU ES ICI, TOI ?
JE VEUX ÉPOUSER IYA. JE VOUDRAIS VOTRE PERMISSION.
HA ! HA ! HA ! TU TE MOQUES DE MOI ? MAIS TU N'AURAS JAMAIS DE QUOI ME LA RACHETER, MON AMI !
PAS TOUT DE SUITE, C'EST VRAI... MAIS QUAND J'AURAI MA TERRE...
BOUGRE D'IDIOT !
JE TE FERAI CREVER À LA TÂCHE AVANT QUE TU REÇOIVES UN QUELCONQUE BOUT DE PLANTATION !
T'EN AS VU BEAUCOUP DES ENGAGÉS QUI VIVAIENT ASSEZ LONGTEMPS POUR DEVENIR PROPRIÉTAIRES ?

MAINTENANT, RETOURNE AU BOULOT ! ET FAIS-MOI GAGNER L'ARGENT QUE TU M'AS COÛTÉ À TE FAIRE VENIR !
LE FILS DE CHIENNE ! TU AVAIS RAISON, SILAS, IL N'A JAMAIS VOULU TENIR SA PROMESSE DE ME DONNER UNE TERRE. IL M'A TRAHI !
AS-TU VU TON PÈRE LABAT ? IL EN DIT QUOI ?
IL N'Y A RIEN QU'IL PUISSE FAIRE SANS ENFREINDRE LA LOI. D'AUDOUIN EST PUISSANT, TRÈS PUISSANT.
MAIS, CROIS-MOI, JE NE VAIS PAS RESTER LÀ À MOURIR À PETIT FEU, PENDANT QUE MON PÈRE EST ENFERMÉ À PARIS !
QU'EST-CE QUE TU VEUX FAIRE ALORS ?
EMMENER IYA ! ET FUIR D'ICI !
C'EST TOI QUI LUI AS MIS ÇA DANS LA TÊTE, SILAS ? ET TOI, JEAN ? C'EST MOURIR QUE TU VEUX ? SOUS LES CROCS DES CHIENS ?
ET MÊME ! TU NE SURVIVRAIS PAS UN JOUR DANS LA FORÊT !
MAIS, IYA... TU AS VU COMME IL NOUS TRAITE ?! C'EST PIRE QUE L'ENFER !
CALME-TOI, MON JEAN, JE T'EN SUPPLIE ! LAISSE-MOI FAIRE... BIEN DES CHOSES PEUVENT ARRIVER QUI ADOUCISSENT LE CŒUR D'UN HOMME.
IYA ! LE MAÎTRE T'APPELLE !

TU PARTAGES LA COUCHE DU MAÎTRE, IYA. VOILÀ POURQUOI IL FAIT ATTENTION À TOI ! NOUS, PERSONNE NE VEILLE SUR NOUS !
TU AS RENIÉ NOS ANCÊTRES POUR LEUR DIEU TOUT BLANC, MA SŒUR.
ET TOI TU N'ES QU'UN IDIOT, SILAS ! NOUS NE SOMMES PLUS AU PAYS ! NOUS NE SOMMES PLUS LES ENFANTS DE NOTRE PÈRE ! PRINCE ET PRINCESSE, ÇA N'EXISTE PLUS !
FUIR, C'EST LA MORT ! ALORS JE TE CONSEILLE DE FAIRE SORTIR CES IDÉES DE LA TÊTE DE MON JEAN, SI TU NE VEUX PAS QUE JE T'ÉTRIPE, MON FRÈRE !
ELLE EST... AVEC D'AUDOUIN ?...
TU CROYAIS ÊTRE SEUL À AVOIR VU SA BEAUTÉ ?
JE NE PEUX PLUS RESTER ICI !!! JE VAIS LE TUER SI JE LE VOIS EN FACE !
SI ON TE PREND, C'EST AU REVOIR TES OREILLES, TU SAIS ?
PLUS RIEN NE ME RETIENT...
ALORS, MAINTENANT !

J'EN PEUX PLUS ! SILAS ! J'EN PEUX PLUS !
NON, COURIR ENCORE ! FAUT PAS S'ARRÊTER !

‹KOF› ‹KOF› ON A RÉUSSI, MON VIEUX...
JAMAIS LEURS CHIENS IRONT JUSQU'ICI ! ON EST LIBRES, MON AMI !
ET MAINTENANT ?
TOUT DROIT AU NORD ! LÀ EST LE VILLAGE DES MARRONS !
ET S'IL NE L'EST PAS ?
NON, JEAN. IL L'EST ! IL L'EST FORCÉMENT !

PAS DE FUMÉE, MON AMI... PAS ENCORE, ON EST TROP PRÈS.

ALLEZ, JEAN, FAUT PARTIR... DEBOUT !
J'AI FROID, SILAS, JE CRÈVE DE FROID...
TES JAMBES SONT MALADES...
TIENS LE COUP, MON BOUGRE ! LES KARIBS ONT DES FORMULES, CE SONT DES SORCIERS, ILS SAURONT QUOI FAIRE !
LE VILLAGE, IL EST LÀ, JE LE SAVAIS ! MEURS PAS, JEAN ! PAS MAINTENANT !
POURQUOI... POURQUOI IL N'Y A PERSONNE ?

ILS SONT VENUS VOILÀ DIX FOIS DIX LUNES. LES FRANÇAIS, AVEC LEURS ARMES QUI CRACHENT LE TONNERRE. ILS ONT TUÉ TOUT CE QU'ILS VOYAIENT.
MA FAMILLE, MES ENFANTS, MES FRÈRES, MES SŒURS. TOUS LES MARRONS À QUI NOUS AVIONS OFFERT REFUGE. ILS LES ONT TUÉS.
QUI ES-TU ?
JE SUIS LE BAYÉ, LE CHAMAN DE MON PEUPLE, ET AVEC MOI MOURRA SA MÉMOIRE.
AIDE-LE, JE T'EN PRIE.
SA FIÈVRE EST SÉVÈRE. IL A BESOIN DE REPRENDRE DES FORCES, MAIS IL N'Y A RIEN À MANGER ICI. RESTE AUTANT QUE TU LE SOUHAITES, MAIS TON AMI MOURRA. UN BLANC A BESOIN DE LA MÉDECINE DES BLANCS.
NON... TU DOIS LE SAUVER ! JE LUI AVAIS PROMIS LA LIBERTÉ !
TU N'ES PAS LE PREMIER À VENIR ICI, RÊVANT D'UN ESPOIR POUR NE TROUVER QUE LA MORT.
SI TU EN AS LE COURAGE, FAIS-TOI UN RADEAU ET PRENDS LA MER VERS SAINT-VINCENT.
MAIS JEAN NE TIENDRA JAMAIS JUSQUE-LÀ...

QU'EST-CE QUE TU FAIS ?... SILAS... QU'EST-CE QUE TU FAIS...
L'INDIEN A PANSÉ TES PLAIES AVEC DES HERBES. TU DEVRAIS TENIR JUSQU'À LA MISSION DE TON PÈRE LABAT.
NON, N'Y VA PAS... LAISSE-MOI...
OCCUPE-TOI SIMPLEMENT DE VIVRE. JE M'OCCUPE DE TE REMETTRE ENTRE LES MAINS DE TON DIEU.
ET APRÈS JE PARS. MA CHANCE EST À SAINT-VINCENT.

ALORS, GAREL ?
ÇA FAIT DEUX JOURS, MONSIEUR. SAUF VOTRE RESPECT, JE PENSE QU'ILS SONT LOIN MAINTENANT...
J'ÉTAIS POURTANT CERTAIN QUE CE BLANC-BEC IRAIT SE RÉFUGIER CHEZ SON BON PÈRE... TANT PIS, RENTRONS ! ET QUE LES MOUSTIQUES LES CROQUENT À LES RENDRE FOUS !
HÉ ! HÉ ! QU'EST-CE QUI LEUR PREND !?
LÂCHEZ-LES !
AVEC MOI ! LA CHASSE REPREND ! HARDI ! HARDI !

ILS SONT LÀ !!!
PITIÉ ! PITIÉ, MONSIEUR ! RETENEZ-LES ! RETENEZ LES CHIENS !
FAITES CE QU'IL DIT !
MERCI, MONSIEUR ! VOUS ÊTES BON ! ON VOULAIT PAS S'ENFUIR ! JE VOUS LE JURE !
POURQUOI ÊTES-VOUS REVENUS ?
C'EST MON AMI. AIDEZ-LE, SOIGNEZ-LE ! ON NE LE FERA PLUS, C'EST PROMIS.
TU ES UN BON ESCLAVE, SILAS. TU AS TOUJOURS BIEN TRAVAILLÉ. MAIS DE QUOI AURAIS-JE L'AIR SI JE N'APPLIQUAIS PAS LE CODE NOIR ? CE SERAIT UNE VÉRITABLE ÉPIDÉMIE DE FUITE. TENEZ-LE !
LE CODE, SILAS... JUSTE LE CODE. À LA PREMIÈRE FUITE, LE FOUET. PUIS LES OREILLES... ET ENSUITE...
PITIÉ, MONSIEUR ! ON LE REFERA PLUS ! ON LE REFERA PLUS !!!

OH OUI, TU NE LE FERAS PLUS, MON GAILLARD !
QUANT À TOI, TU N'ES DÉJÀ PLUS BON À RIEN.
TU SERVIRAS D'EXEMPLE POUR LES AUTRES ET TU ME SUPPLIERAS D'ABRÉGER TES SOUFFRANCES.
ASSEZ ! CELA SUFFIT !
ENFIN ! VOUS AVEZ PERDU LA RAISON, MON FILS !
COMPORTEZ-VOUS EN BON CHRÉTIEN. JEAN EST L'UN DES NÔTRES !
IL A TENTÉ DE S'ENFUIR. VOUS CONNAISSEZ LES RÈGLES, MON PÈRE, N'EST-CE PAS ?
JE SAIS, JE SAIS... MAIS VOYEZ SON ÉTAT ! LA MOINDRE PERTE DE SANG LUI SERAIT FATALE.
JE VOUS EN PRIE, MON FILS, LAISSEZ-MOI LE REMETTRE SUR PIED, AVANT DE LE CORRIGER SI VOUS LE SOUHAITEZ.
MON PÈRE... VOUS ESSAYEZ DE GAGNER DU TEMPS.
IL SUFFIT, MON FILS ! JE NE DISCUTERAI PAS UNE SECONDE DE PLUS ! CET ENGAGÉ EST SUR MES TERRES ET, COMME TEL, IL EST SOUS MON AUTORITÉ.
RIEN NI PERSONNE NE M'EMPÊCHERA DE LE SOIGNER. ET, SI ÇA NE VOUS PLAÎT PAS, ENVOYEZ DONC UNE DEMANDE AU JUGE !
EMMENEZ-LE VITE À L'INTÉRIEUR !
QU'EST-CE QU'ON FAIT DE L'AUTRE, MONSIEUR ?

AAAAAAA
DU CALME, MON AMI. C'EST UN CAUCHEMAR... JUSTE UN CAUCHEMAR. TOUT VA BIEN MAINTENANT.
OÙ SUIS-JE ?
TU ES À LA MISSION. À FONDS SAINT-JACQUES. TU AS DORMI TROIS JOURS.
JE NE ME SOUVIENS DE RIEN... SILAS ! OÙ EST SILAS ?
LE NÈGRE ? IL N'A PAS SURVÉCU. COMME IL N'ALLAIT PAS À L'ÉGLISE, JE N'AI PAS PU OBLIGER TON MAÎTRE À LUI OFFRIR UNE SÉPULTURE... J'EN SUIS DÉSOLÉ.
NON !... C'EST MA FAUTE ! C'EST POUR MOI QU'IL EST REVENU...
NE TE TORTURE PAS. ON NE REVIENT PAS SUR LE PASSÉ. REMETS-TOI. PRENDS DES FORCES. ICI, TU ES À L'ABRI.
MAIS... ET D'AUDOUIN ?!
IL NE POURRA RIEN TE FAIRE POUR LE MOMENT. LE JUGE EST UN BON AMI.
ÇA LUI PRENDRA DES MOIS, PEUT-ÊTRE DES ANNÉES AVANT D'OBTENIR JUSTICE.
JUSQU'À CE QU'UN JOUR IL VIENNE QUAND MÊME ME COUPER LES OREILLES, PAS VRAI, MON PÈRE ?
NE PENSE PAS À ÇA. ALLONGE-TOI ET DORS MAINTENANT.

JEAN ! QUELLE BONNE SURPRISE, TE VOILÀ EN PLEINE FORME !
J'AI BESOIN DE TOI ! VIENS VOIR CETTE MERVEILLE !
JE L'AI COMMANDÉ DEPUIS LA CHARENTE. J'ÉTAIS ALLÉ LE CHERCHER AU PORT LE JOUR OÙ JE T'AI RETROUVÉ.
IL EST MAGNIFIQUE.
ET GOÛTE-MOI CE RHUM ! LA MÊME PURETÉ QU'AVEC TON ALAMBIC EN VERRE. MAIS AVEC UNE TOUT AUTRE CAPACITÉ DE PRODUCTION !
MON PÈRE, VOUS AVEZ RÉUSSI !
EXCELLENT, NON ? ET J'AI UNE AUTRE NOUVELLE POUR TOI.
JE DOIS PARTIR BIENTÔT EN GUADELOUPE POUR SUPERVISER D'AUTRES MISSIONS. JE NE SAIS PAS SI JE REVIENDRAI ICI. EN ATTENDANT, JE VEUX QUE CE SOIT TOI QUI T'OCCUPES DE MON ALAMBIC.
C'EST TROP DE CONFIANCE QUE VOUS M'ACCORDEZ...
MON PÈRE ! C'EST MONSIEUR D'AUDOUIN ! IL VEUT VOUS VOIR DE TOUTE URGENCE !
JE LUI AI DIT QUE JE NE LUI REMETTRAIS PAS JEAN ! QU'IL N'INSISTE PAS !
CE N'EST PAS ÇA, MON PÈRE ! IL A ÉTÉ MORDU PAR UN SERPENT !

MONSIEUR D'AUDOUIN ! JE SUIS VENU DÈS QUE J'AI SU...
IL ÉTAIT DANS MON LIT ! VOUS VOUS RENDEZ COMPTE ?! UN SERPENT, UNE BÊTE AFFREUSE !
IL N'EST PAS VENU LÀ PAR HASARD, JE VOUS LE GARANTIS ! JE TROUVERAI QUI M'A FAIT ÇA ! JE TROUV... REUUUUUH... REUH...
CALMEZ-VOUS, MON FILS. NE VOUS EMPORTEZ PAS, ÇA NUIRAIT À VOTRE GUÉRISON.
FOUTAISE, MON PÈRE. JE NE SENS DÉJÀ PLUS LE BAS DE MON CORPS. CE N'EST PAS POUR ENTENDRE VOS BONS VŒUX DE RÉTABLISSEMENT QUE JE VOUS AI FAIT VENIR.
ALLONS ! SORTEZ ! SORTEZ TOUS ! JE N'AI PAS BESOIN DE VOUS !
J'AI TOUJOURS ÉTÉ PIEUX, MON PÈRE. TOUJOURS À LA MESSE CHAQUE DIMANCHE. J'AI TRAVAILLÉ TOUTE MA VIE, ET DUREMENT !
JE MÉRITE MA PLACE AUX CÔTÉS DE NOTRE SEIGNEUR !
BIEN SÛR, MON FILS, COMME CHACUN DE SES ENFANTS. JE VAIS ENTENDRE VOTRE CONFESSION, ET VOUS BÉNIR. MES PRIÈRES VOUS ACCOMPAGNERONT, N'AYEZ CRAINTE.
NON, VOUS NE COMPRENEZ PAS ! JE VEUX PLUS ! JE VEUX ÊTRE SÛR D'ÊTRE À SES CÔTÉS ! JE VEUX LUI PROUVER QUE JE CROIS EN LUI ! QUE TOUTE MA VIE A ÉTÉ DÉDIÉE À SA GLOIRE !
CETTE PLANTATION N'A PAS TOUJOURS ÉTÉ À MOI, VOUS SAVEZ ? QUAND JE SUIS ARRIVÉ, J'ÉTAIS UN TRENTE-SIX MOIS, COMME VOTRE PETIT PROTÉGÉ...

ELLE APPARTENAIT À MAÎTRE D'ESPADA, UN HOMME INTELLIGENT QUI N'AVAIT POUR SEUL TORT QUE D'ÊTRE NÉ JUIF. QUAND LE CODE NOIR LEUR A INTERDIT DE POSSÉDER DES PLANTATIONS, IL A FUI ET J'AI REPRIS SA SUITE, CE QUE PERSONNE N'A OSÉ ME CONTESTER.
EN VÉRITÉ, J'AI PRIS LE BIEN D'AUTRUI. AUJOURD'HUI, JE VEUX RACHETER MON PÉCHÉ. JE VOUS OFFRE MA PLANTATION ! LES CHAMPS, LES ESCLAVES, LES BÂTISSES, TOUT REVIENDRA AUX DOMINICAINS APRÈS MA MORT !
VOUS ÊTES BIEN AIMABLE, MON FILS. MAIS, EN PLUS DU FONDS SAINT-JACQUES, JE CRAINS QUE LA CHARGE D'UNE NOUVELLE PLANTATION NE TOURNE AU DÉSASTRE.
NOTRE SEIGNEUR M'A DÉJÀ PUNI UNE FOIS EN ME REFUSANT LA GRÂCE D'AVOIR DES HÉRITIERS. CE N'EST PAS FAUTE D'AVOIR ESSAYÉ, J'ÉTAIS MÊME PRÊT À AVOIR UN MULÂTRE.
VOUS ME PUNISSEZ UNE SECONDE FOIS EN ME REFUSANT LE PARADIS.
IL Y A BIEN UNE SOLUTION. JE SAIS QUE VOUS AVEZ DU RESSENTIMENT VIS-À-VIS DE JEAN...
... MAIS LE PARDON, MON FILS !
LE PARDON EST UNE CHOSE FORMIDABLE.
TENEZ VOTRE PAROLE. DONNEZ-LUI UNE TERRE, COMME PROMIS.
C'EST LUI QUI A TRAHI SA PAROLE... IL A ESSAYÉ DE S'ENFUIR. IL SERA CHÂTIÉ ET MA MORT N'Y CHANGERA RIEN, J'AI DONNÉ LES ORDRES À GAREL DE LE TUER À VUE.
C'EST SÛREMENT LUI QUI A GLISSÉ CE SERPENT DANS MON LIT CETTE NUIT.
NON, JE NE L'AI PAS QUITTÉ DES YEUX UN INSTANT.
MONSIEUR D'AUDOUIN, VOUS ÉTIEZ UN ENGAGÉ, TOUT COMME LUI AUJOURD'HUI.
DONNEZ-LUI SA CHANCE. FAITES DE LUI VOTRE HÉRITIER, C'EST LE MEILLEUR ESPOIR POUR LE SALUT DE VOTRE ÂME.
LE PARADIS S'OUVRE AUX VERTUEUX ET IL Y A BIEN DES MÉRITES AU PARDON. APAISEZ VOTRE ÂME, ACCUEILLEZ LE RETOUR VERS NOTRE SEIGNEUR AVEC SÉRÉNITÉ SI VOUS VOULEZ VOUS GARANTIR LE PARADIS. PARDONNEZ, MON FILS. OFFREZ-LUI CETTE PLANTATION ! VOYEZ EN LUI LE FILS QUI SUIVRA VOTRE CHEMIN !
VOUS CROYEZ ? EST-CE VRAIMENT CELA QUE JE DOIS FAIRE ?
J'EN SUIS CERTAIN, MON ENFANT. FAISONS ENTRER VOTRE NOTAIRE QU'IL RÉDIGE L'ACTE.

IYA ! IYA !
IYA !
QUE VEUX-TU ? PARLE !
JE VAIS T'ÉPOUSER ! BIENTÔT, JE POURRAI MÊME FAIRE LIBÉRER MON PÈRE ! JE SUIS LE NOUVEAU PROPRIÉTAIRE DE LA PLANTATION, C'EST ÉCRIT LÀ !
SI TU ES LE MAÎTRE, ALORS AIDE-MOI À FAIRE DESCENDRE MON FRÈRE.
SILAS...
ILS L'ONT PENDU LÀ, ET ILS L'ONT LAISSÉ SE VIDER DE SON SANG.
J'AI TOUT FAIT POUR ATTENDRIR LE MAÎTRE, JE L'AI SUPPLIÉ. MAIS IL AVAIT UN CŒUR DE SERPENT.
ALORS UN SERPENT A VENGÉ MON FRÈRE.
D'AUDOUIN ? C'EST TOI QUI L'AS... ?
AIDE-MOI PLUTÔT À METTRE MON FRÈRE EN TERRE.

REPOSE EN PAIX, MON AMI.
IL T'AIMAIT BEAUCOUP.
ET MOI AUSSI. TU ES QUELQU'UN DE BIEN, JEAN.
IYA, JE VEUX T'ÉPOUSER.
TU ES LE CHEF DE TOUT ÇA MAINTENANT. POURQUOI VOULOIR D'UNE NÉGRESSE ALORS QUE TU POURRAIS AVOIR TOUTES LES BLANCHES QUE TU VEUX ?
PARCE QUE... JE T'AIME ! JE T'AIME, IYA !
TU ES LE MAÎTRE, JE NE PEUX PAS REFUSER.
NON, PAS COMME ÇA ! JE T'AFFRANCHIS DÈS AUJOURD'HUI ! TU ES LIBRE !
ET EUX AUSSI ! TOUS, JE VOUS LIBÈRE !!!
CHHT... JEAN, MON BON JEAN... TU ES BRAVE, MAIS PAS BIEN MALIN. SANS ESCLAVES, COMMENT FERAS-TU TON SUCRE ET TON RHUM ?
TOUT VA TOMBER EN RUINE ET TU DEVIENDRAS PAUVRE COMME AVANT.
MAIS REGARDE SILAS ! VOILÀ LE SORT D'UN ESCLAVE !
SILAS NE M'A JAMAIS ÉCOUTÉE ET VOIS OÙ IL EST MAINTENANT. IL FAUT ÊTRE MALIN. FAIRE AVEC. JE NE VEUX PAS VIVRE DANS LA MISÈRE AVEC UN PETIT BLANC SANS CASE.
TU AS DES DEVOIRS MAINTENANT. IL VA FALLOIR CONTINUER LA PRODUCTION. SANS ESCLAVES, CE SERA IMPOSSIBLE.
ÉPOUSE-MOI SI TU LE VEUX, MAIS, POUR EUX, NE CHANGE RIEN. PAS ENCORE, D'ACCORD ?
TOUT CE QUE TU VEUX, MON ANGE ! JE T'AIME !

SA MAJESTÉ LOUIS LE QUATORZIÈME VOUS ATTEND.
VERSAILLES, MARS 1699.
ALORS MON BON PONTCHARTRAIN. QU'EST-CE QUI VOUS AMÈNE ?
LES ÎLES, SIRE.
TOUJOURS UNE SOURCE D'ENNUIS. DE QUOI S'AGIT-IL CETTE FOIS ? LES ANGLAIS ? LES ESCLAVES ? LA MALADIE QUI DÉCIME NOS COLONIES ?
LE RHUM, SIRE. CES MESSIEURS DES EAUX DE VIE FRANÇAISES INSISTENT BEAUCOUP QUE CET INFECT BREUVAGE LEUR FAIT UNE INJUSTE CONCURRENCE, EN CELA QU'IL EST UN PRODUIT DÉRIVÉ DU SUCRE ET NON L'OBJET-MÊME DE SA CULTURE, COMME LE RAISIN L'EST POUR LE VIN.
ET VOUS, QU'EN DITES-VOUS ?
IL EST SÛR QUE FABRIQUER DE NOUVELLES EAUX-DE-VIE À L'AMÉRIQUE DIMINUE LA VALEUR DES NÔTRES, CE QUI BAISSE NOS TAXES. RESTE À SAVOIR QUI DES DEUX, OU DE LA MÉTROPOLE, OU DE LA COLONIE, DOIT AVOIR NOTRE PRÉFÉRENCE.
VOUS SUGGÉREZ D'INTERDIRE LE RHUM, C'EST BIEN ÇA ?
SON COMMERCE, OUI. J'AI RÉDIGÉ UN ARRÊT EN CE SENS, DONT VOICI LA SUBSTANCE...
IL SERA DÉFENDU DE FAIRE ENTRER LES EAUX DE VIE DE SUCRE, DE SIROPS ET DE MÉLASSE À PARIS, SOUS PEINE DE CONFISCATION ET DE MILLE LIVRES D'AMENDE.
CELA SEMBLE JUSTE, MON CHER MINISTRE...
... ET QUE NOS PLANTEURS NE SE PRÉOCCUPENT PLUS QUE DE NOS SUCRES !
À SUIVRE...